Uma história do mundo espiritual

Copyright © 2008 *by*
FEDERAÇÃO ESPÍRITA BRASILEIRA – FEB

1ª edição – 3ª impressão – 2 mil exemplares – 2/2013

ISBN 978-85-7328-597-0

Todos os direitos reservados. Nenhuma parte desta publicação pode ser reproduzida, armazenada ou transmitida, total ou parcialmente, por quaisquer métodos ou processos, sem autorização do detentor do *copyright*.

FEDERAÇÃO ESPÍRITA BRASILEIRA – FEB
Av. L2 Norte – Q. 603 – Conjunto F (SGAN)
70830-030 – Brasília (DF) – Brasil
www.feblivraria.com.br
editorial@febnet.org.br
+55 61 2101 6198

Pedidos de livros à FEB – Departamento Editorial
Tel.: (21) 2187 8282 / Fax: (21) 2187 8298

Texto revisado conforme o Novo Acordo Ortográfico.

Dados Internacionais de Catalogação na Publicação (CIP)
(Federação Espírita Brasileira – Biblioteca de Obras Raras)

R672h   Rocha, Cecília, 1919–2012

         Uma história do mundo espiritual / Cecília Rocha, Clara Lila Gonzalez de Araújo; [Ilustrações: Impact Storm]. – 1. ed. 3. imp. – Brasília: FEB, 2013.

         29 p.; il. color.; 21cm – (Coleção Além da vida)

         ISBN 978-85-7328-597-0

         1. Literatura infantojuvenil brasileira. I. Araújo, Clara Lila Gonzalez de, 1946–. II. Impact Storm. III. Federação Espírita Brasileira. IV. Título. V. Coleção.

                                               CDD 028.5
                                               CDU 087.5
                                               CDE 81.00.00

Cecília Rocha e Clara Araújo

Ilustrações: Impact Storm

Uma história do mundo espiritual

FEB editora

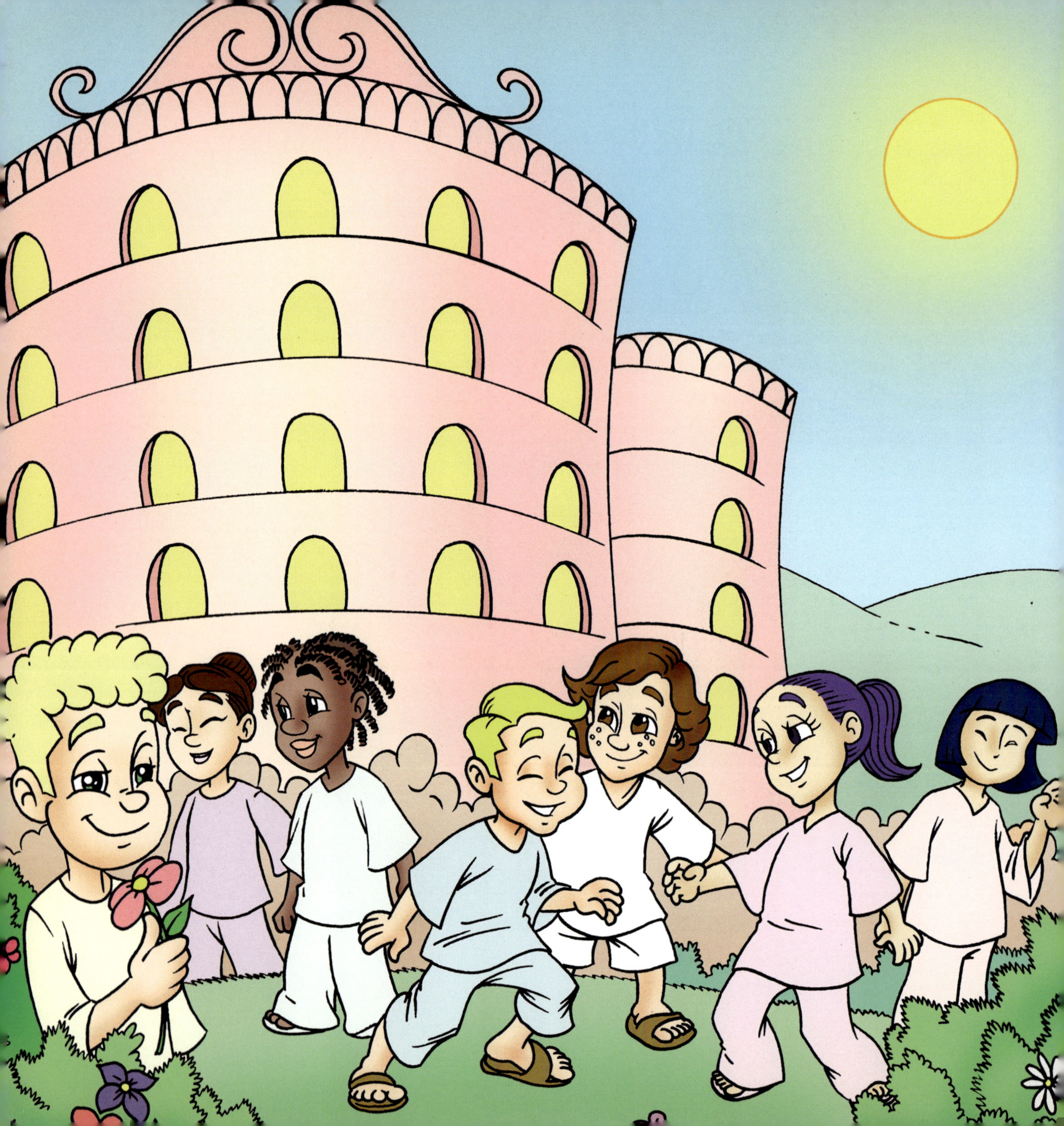

Há, no plano espiritual, uma colônia esperantista que reúne diferentes crianças dos pontos mais distantes do planeta Terra. Ao desencarnarem,[1] crianças de todas as nacionalidades são encaminhadas por seus benfeitores espirituais para juntas aprenderem a falar a língua esperantista. O lugar é um misto de escola e lar dos Espíritos que, ainda na idade infantil, regressaram para a espiritualidade após a morte do corpo.

---
[1] Morte do corpo físico.

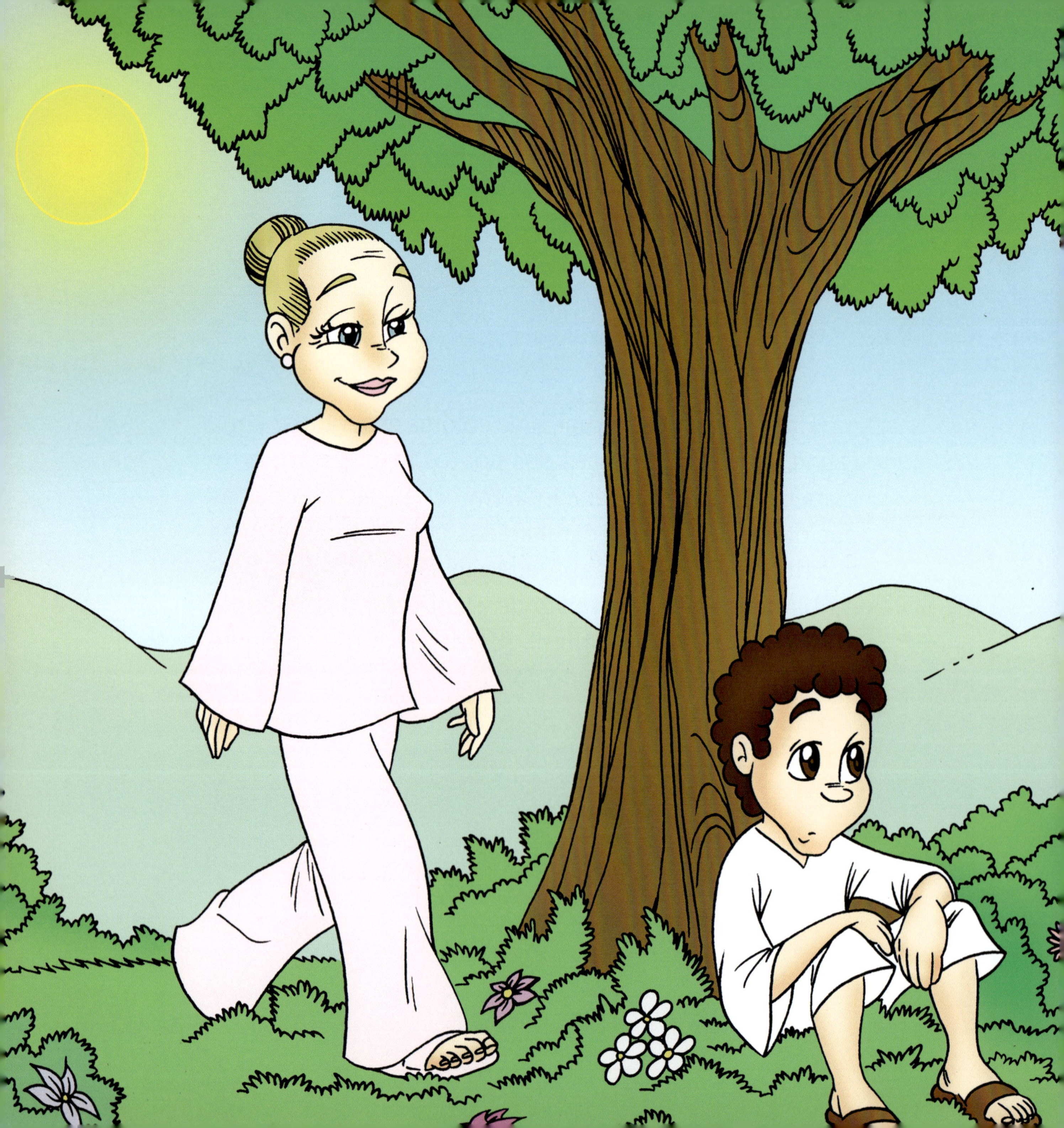

Eulália, a responsável por todos os trabalhos do educandário, levantou-se mais cedo naquela manhã de festa!

Estava muito feliz pela oportunidade de, mais uma vez, receber o amigo extremado e fundador da colônia educativa, o professor Zamenhof ou o "pai Lázaro", como carinhosamente era chamado por todas as crianças que ali viviam.

O encontro tinha sido preparado cuidadosamente e os preparativos de última hora prosseguiam. Ao sair para o jardim de árvores frondosas e flores que desabrochavam coloridas, Eulália deparou-se com um menino de 11 anos com o semblante preocupado.

— Zelito, você por aqui tão cedo! — exclamou a senhora, surpresa.

— Ah, dona Eulália, quase não dormi pensando nas palavras em esperanto que tenho que dizer para o nosso homenageado — falou-lhe Zelito, ansioso.

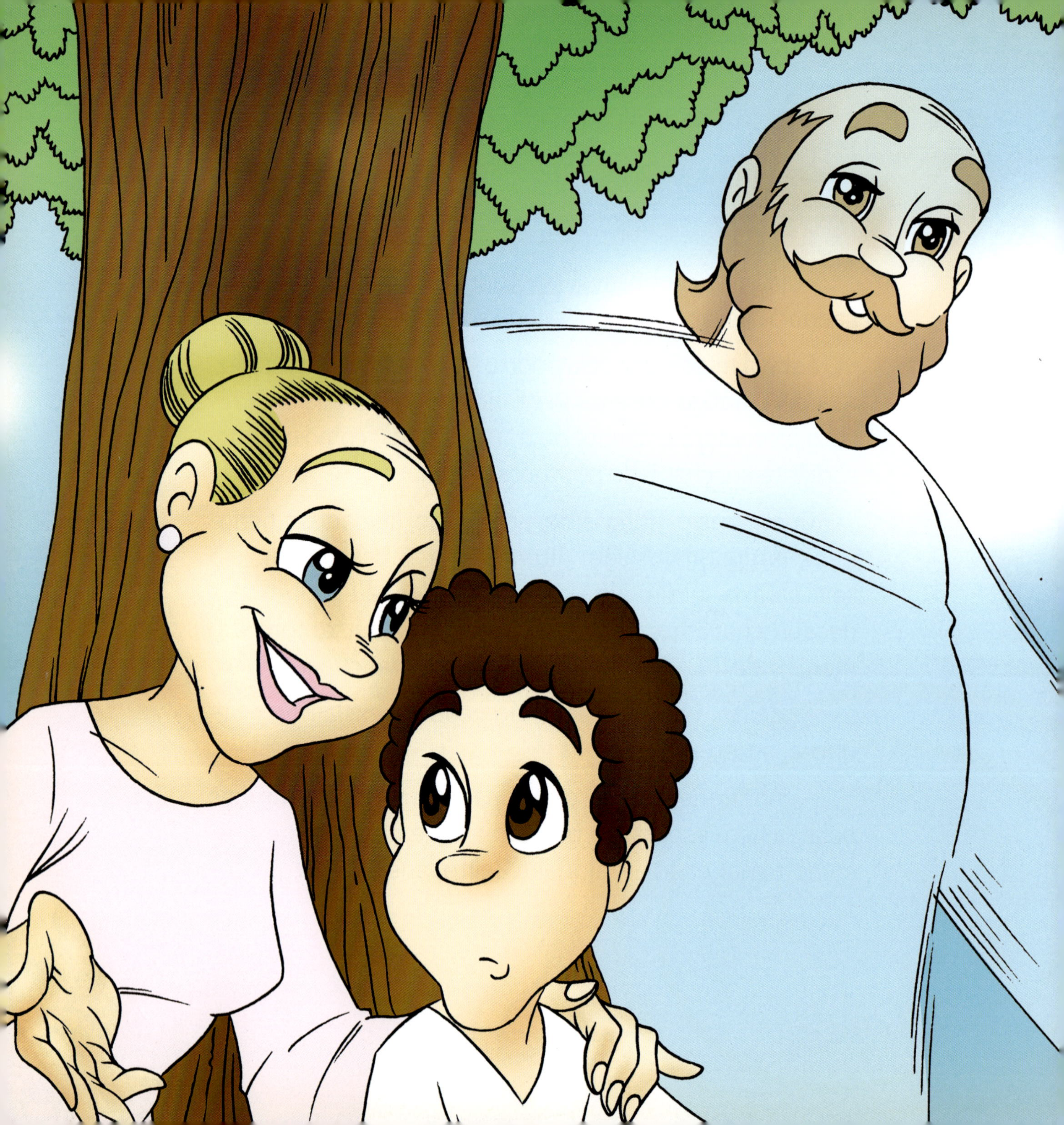

— Não se preocupe, tudo dará certo — disse a bondosa senhora, tentando acalmá-lo.

— Eu não conheço o professor Zamenhof, dona Eulália, e não sei se ele gostará de mim.

— É claro que irá gostar, especialmente ao saber que você irá representar todas as crianças de nossa colônia — respondeu a amiga pressurosa.

— Dizem que ele é muito bom e amigo de todos nós!

— Isso mesmo, Zelito. Embora só venha à colônia uma vez por ano, pois inúmeros são seus compromissos na divulgação do esperanto, sempre envia notícias. Tem um imenso amor por esse lugar, que fundou há mais de 80 anos — explicou-lhe a dedicada senhora.

— Estou impressionado, não pensei que a nossa colônia fosse tão "velha", dona Eulália. Como é possível se aqui só tem criança? — indagou Zelito, interessado.

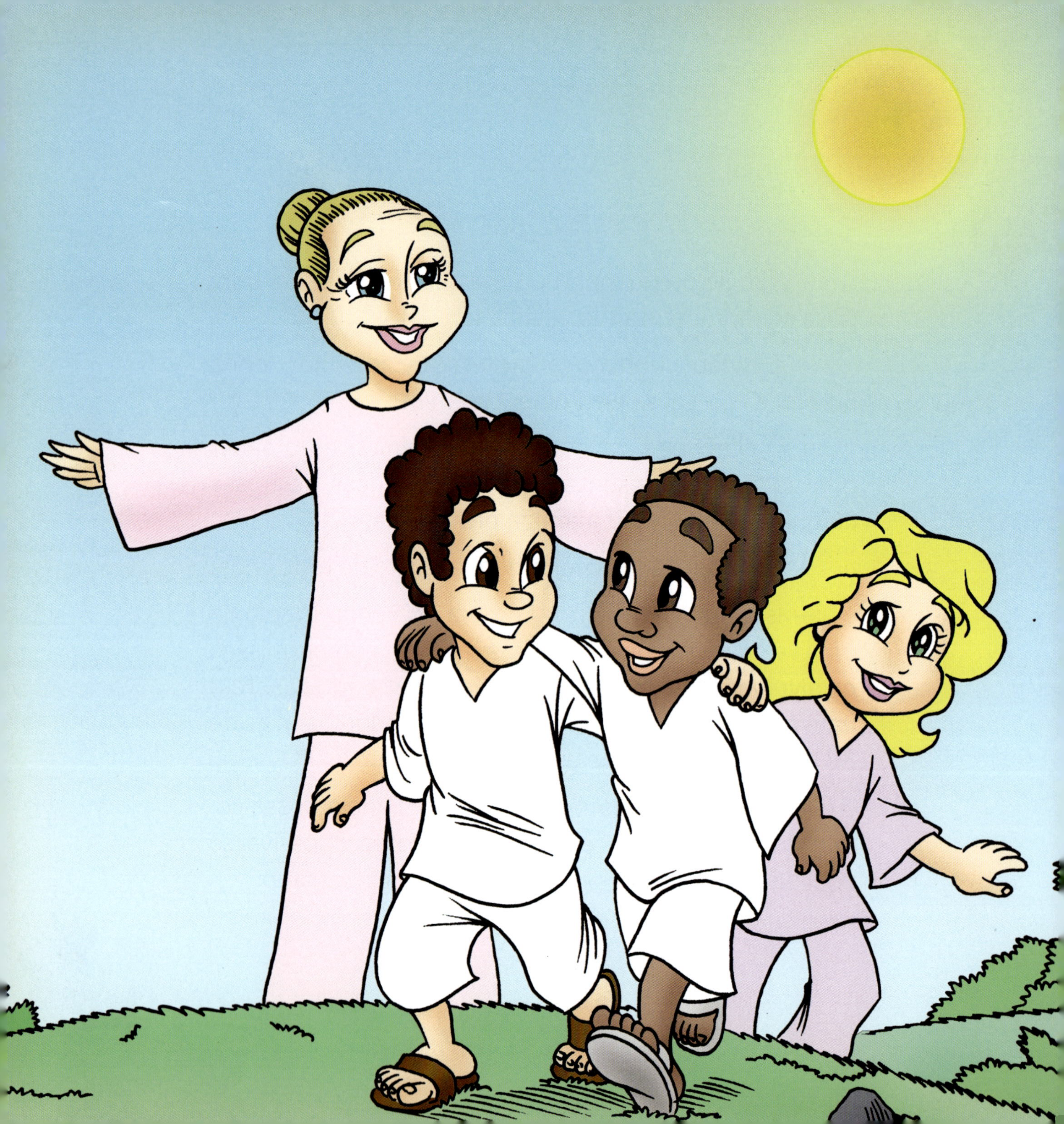

— Ora, Zelito — respondeu Eulália, sorrindo —, você se esquece de que aqui é uma escola transitória² onde se reúnem crianças do mundo inteiro. Depois que aprendem a língua esperantista, são encaminhadas para outros educandários do plano espiritual. Por aqui já passaram centenas de milhares de meninos e meninas como você...

Nesse momento, amigos de Zelito correram, em algazarra, ao seu encontro. Os passarinhos voavam alegremente como se festejassem a chegada da meninada. Tudo irradiava beleza e alegria ao derredor.

— Zelito, estamos torcendo por você! — disse-lhe Luís, um de seus companheiros.

— Que bom! Vou precisar mesmo do apoio de todos os amigos — exclamou Zelito, aliviado, ao vê-los ao seu lado.

— Crianças — falou Eulália —, agora vamos nos apressar, pois, logo, logo, o nosso benfeitor estará chegando.

---

² Instituição onde as crianças permanecem por pouco tempo.

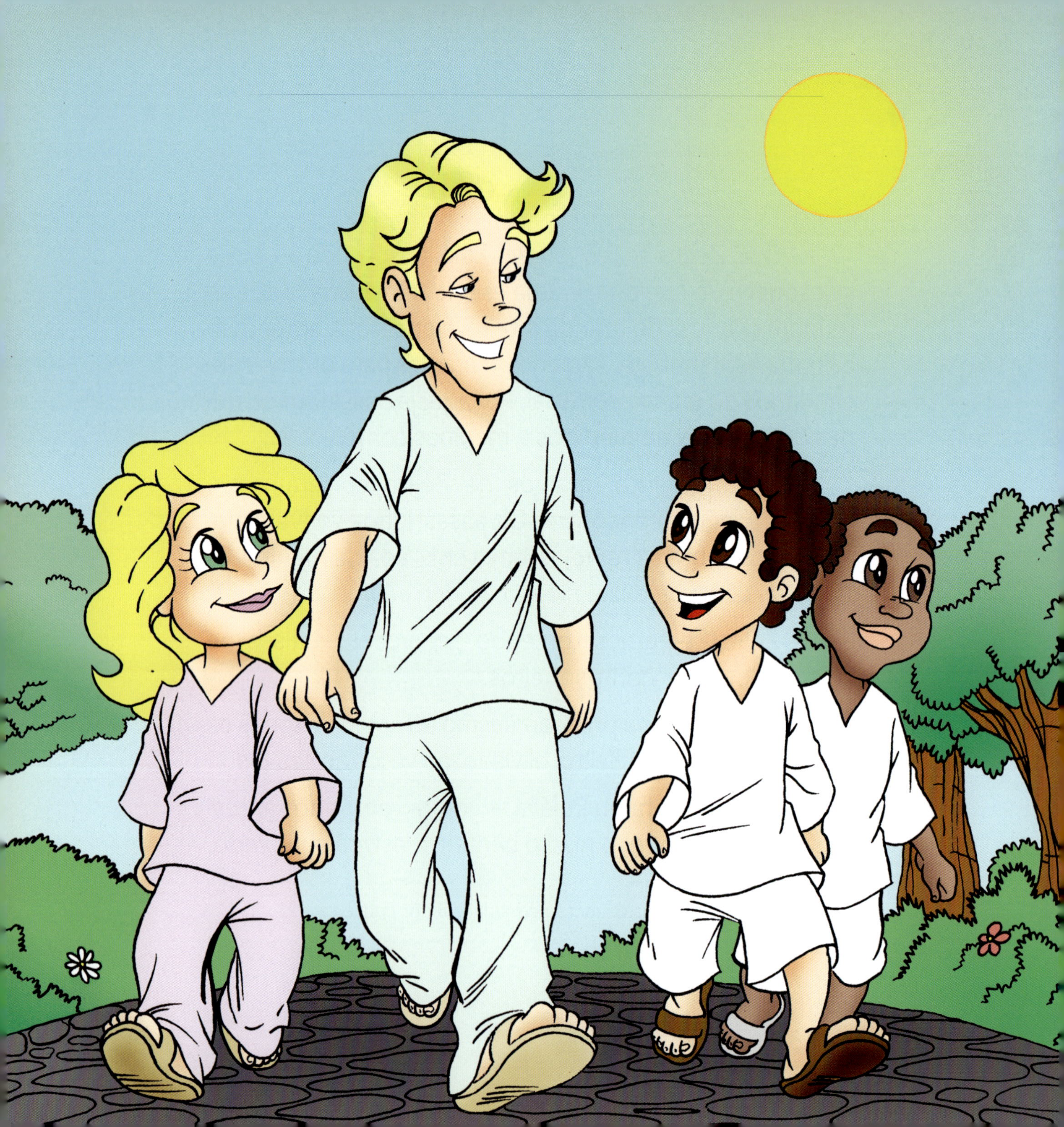

Seguiram todos pela alameda principal do jardim, em companhia de Euzébio, um dos instrutores da colônia. Enquanto andavam, Zelito exclamava:

— O dia está tão bonito!

— Parece que você se adaptou muito bem a este lugar, Zelito — falou-lhe o bom Euzébio.

— Nunca pensei que a "vida" após a morte do corpo fosse tão boa! Aqui tem tudo o que mais gosto: passeios, brincadeiras, estudos, bons amigos... — respondeu o menino, animado.

— Eu também gosto muito daqui; nem sinto saudade da minha casa na Terra! — todos sorriram ao ouvir as exclamações de Silvinha.

— Isso mesmo, Silvinha — disse Euzébio. — Tudo aqui é muito bonito e temos de aproveitar nossa estada nesta bendita escola.

Enquanto conversavam, caminhavam em direção às suas casas.

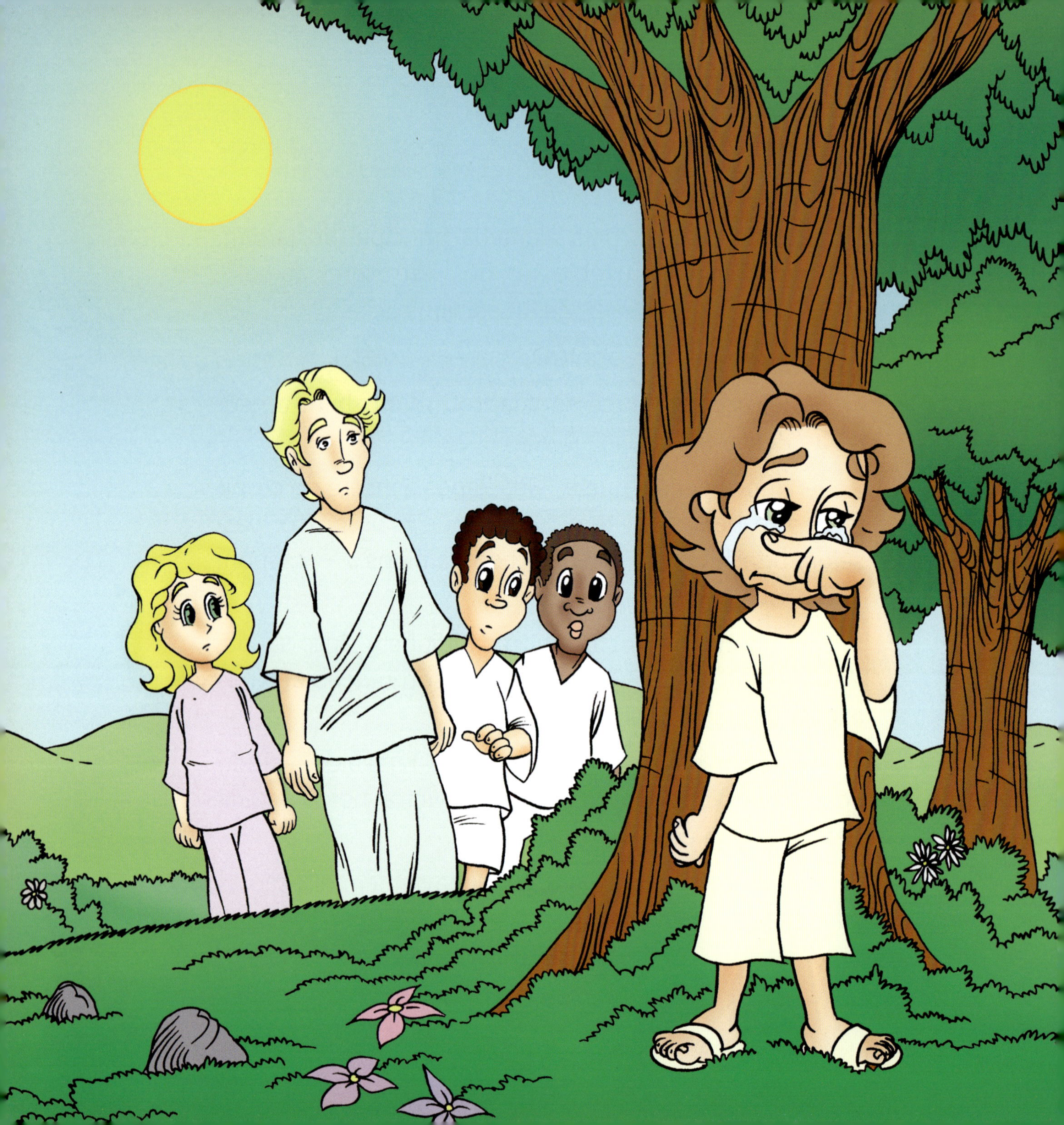

Repentinamente, ouviram o choro de uma criança por entre as árvores.

— O que foi isso? — indagou Zelito.

— Parece que alguém está chorando — respondeu Luís.

— Mas logo hoje, no dia da chegada do Sr. Zamenhof! O que ele vai dizer? — falou Silvinha, preocupada.

— Vamos ver o que está acontecendo — disse Euzébio, caminhando em direção à criança que estava em prantos.

— O que foi, meu amiguinho, alguma coisa te aborreceu para ficares assim? — perguntou o atencioso instrutor.

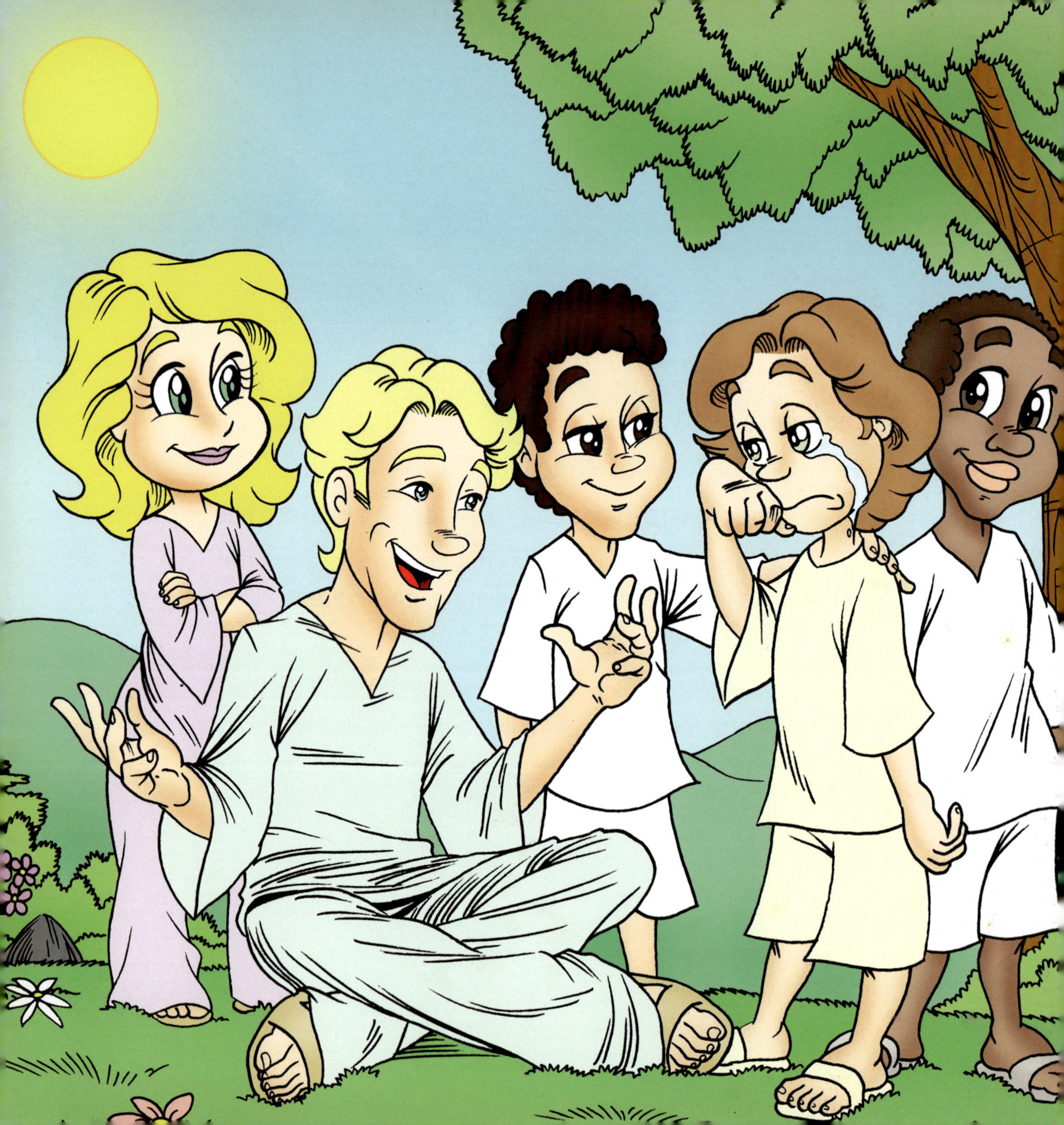

— Eu quero ir pra minha casa, mas não deixam... Tenho saudades dos meus pais... — respondeu a criança chorosa.

Todos se entreolharam surpreendidos. Talvez aquele menino tivesse chegado há pouco tempo à colônia e não percebia ainda a sua verdadeira condição de Espírito liberto do corpo de carne.

Zelito o abraçou e disse:

— Não se preocupe com o fato de estares aqui sem seus pais. Nós também permanecemos na mesma situação e, como você, escolhemos um novo lar para viver. Este aqui!

— Mas não pedi para vir a este lugar — reagiu o menino, aborrecido.

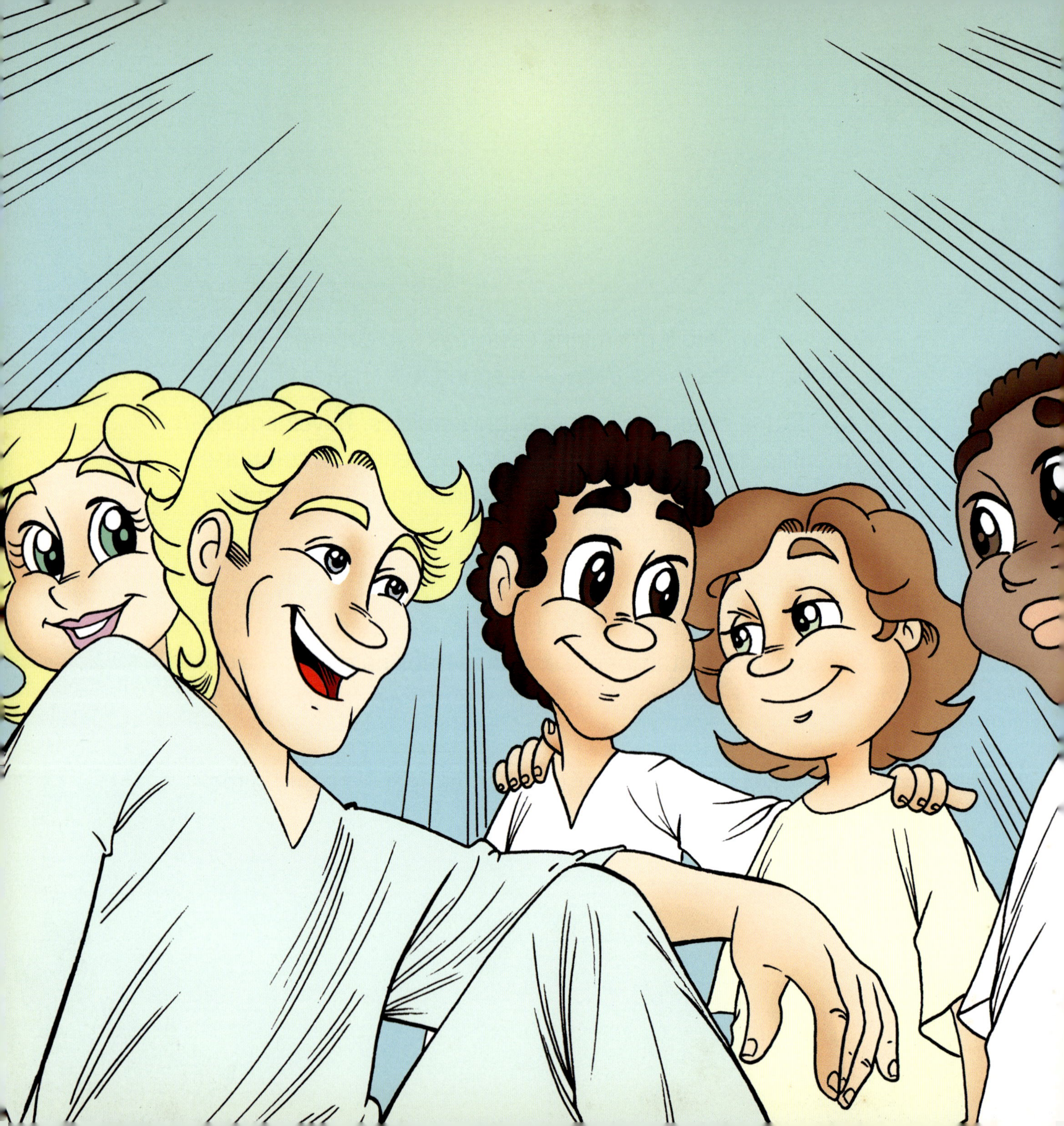

Euzébio, ouvindo o diálogo entre as crianças, sentiu que o momento era delicado e, então, perguntou:

— Você não quer vir conosco? Vamos participar de uma festa. Qual é o seu nome?

— Chamo-me Lucas...

— Lucas, fique ao nosso lado — exclamou Zelito, entusiasmado, abraçando o seu novo amigo.

— Está bem, gostei de vocês, e para onde forem eu os acompanharei — disse o menino, que já não chorava como antes.

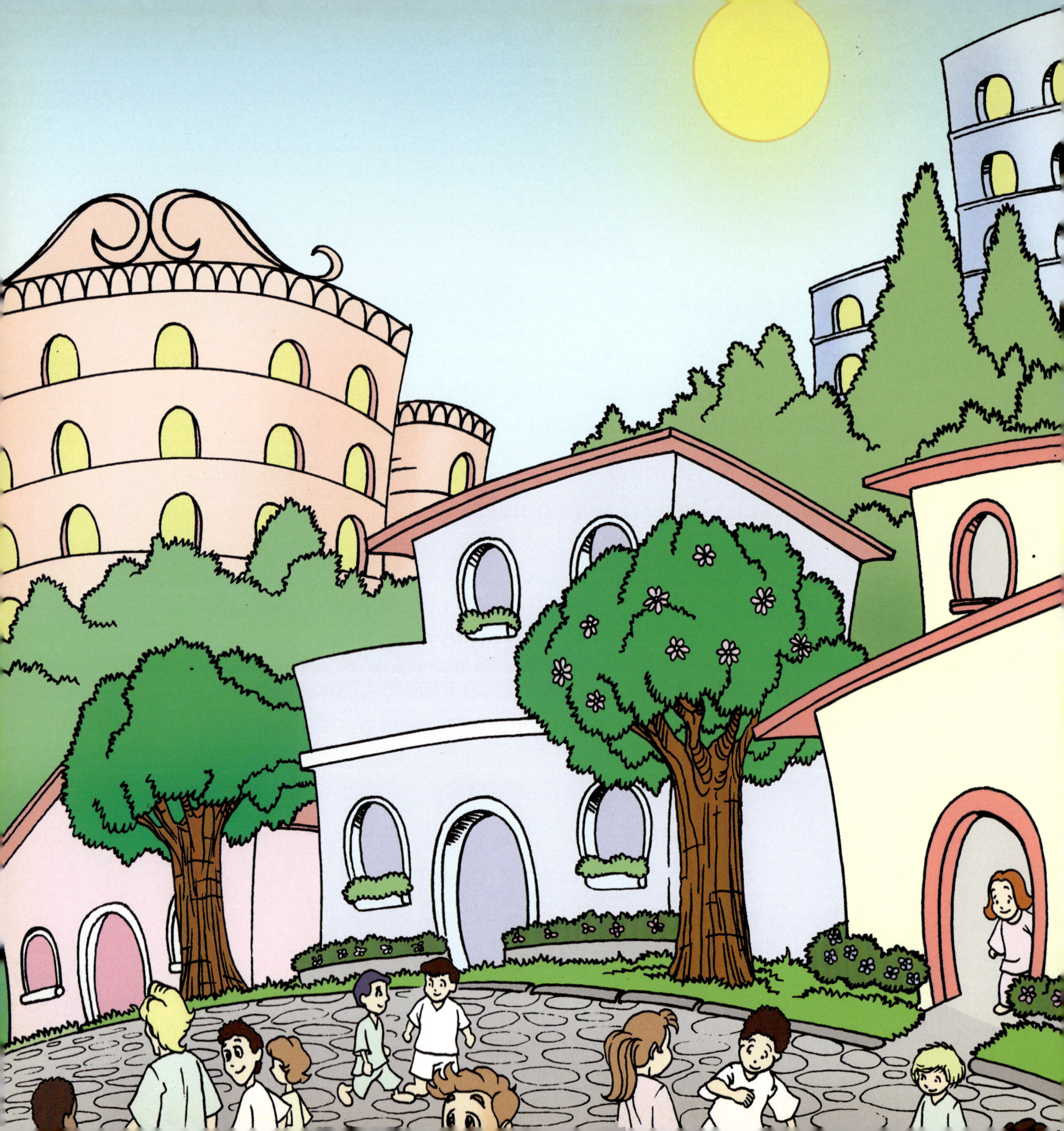

Ao chegarem ao local das residências, Lucas ficou admirado com o que viu: várias habitações, graciosas e coloridas, que circundavam prédios de harmoniosas formas e ornamentos de jardineiras floridas, suspensas nas janelas, dando-lhes um aspecto de aconchegante lugar.

Zelito, dirigindo-se a Lucas, convidou-o a visitar o seu lar:

— Venha, meu amigo, quero apresentá-lo aos outros companheiros que moram comigo.

Euzébio, manifestando sua aprovação, incentivou o menino para que seguisse Zelito.

— Vá com ele, Lucas! — e, dizendo isso, dirigiu-se ao prédio central para obter algumas informações sobre o menino.

Ao chegar ao local, foi recebido por dois instrutores que o orientaram sobre o problema de Lucas: ele chegara recentemente à colônia e ainda não se adaptara ao lugar.

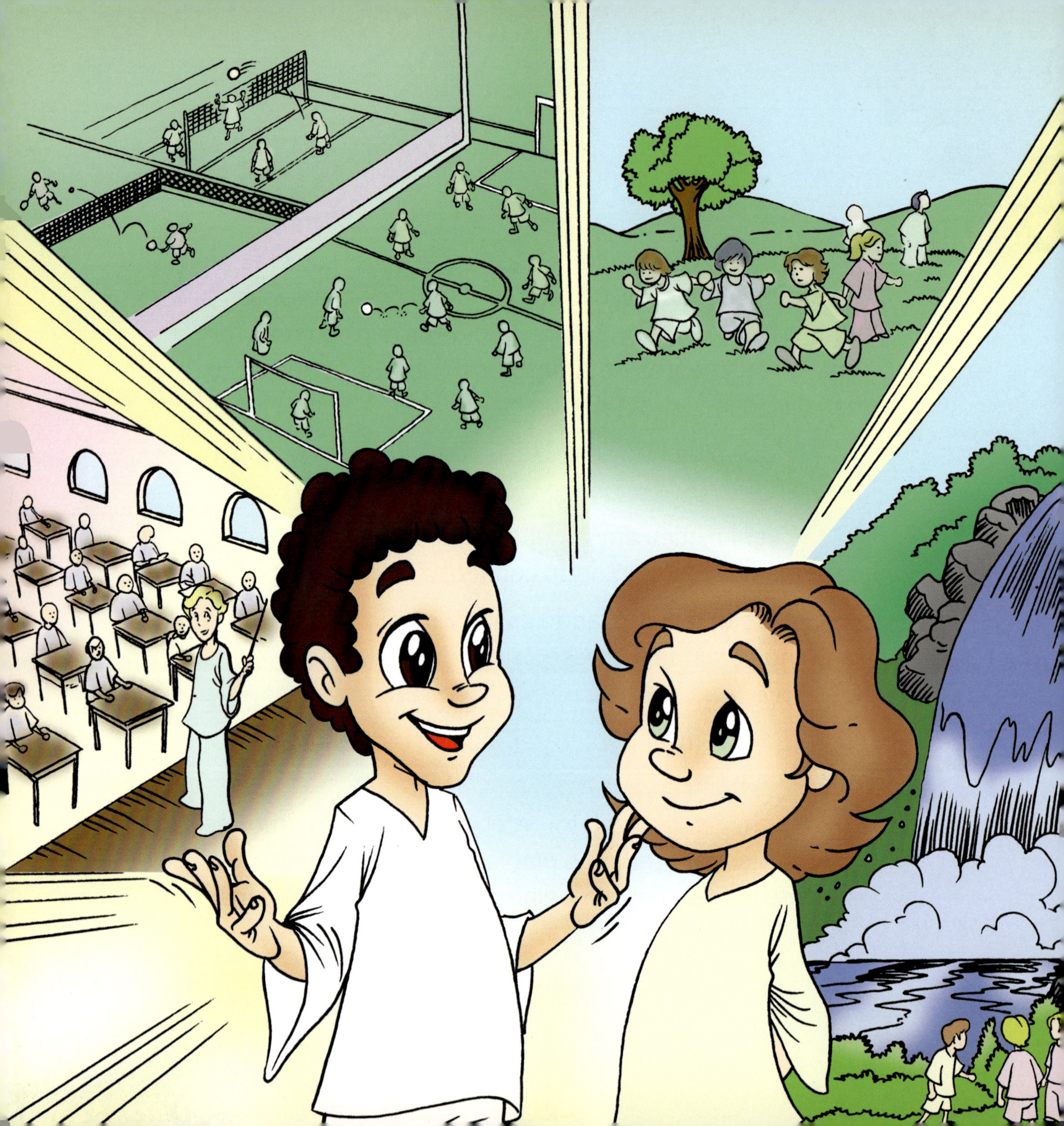

— Por que não o deixam com Zelito durante a festa? — sugeriu Euzébio. — Tenho o palpite de que os dois se tornarão bons amigos.

— Grande ideia! Avisaremos à Eulália, que deve estar ansiosa por notícias dele — falou um dos instrutores.

Lucas ficou encantado com os meninos que viviam ao lado de Zelito. Parecia estar vivendo um belo sonho. Quantas crianças alegres e brincalhonas!

Lucas havia sido envolvido pela alegria geral. Sua cabecinha fervilhava de perguntas: que lugar tão bonito seria esse? Por que as pessoas são tão simpáticas?

Zelito, atento às necessidades do novo amigo, não se afastava dele e procurou informá-lo sobre o que faziam na colônia.

— Aqui aprendemos a língua esperantista, e todas as crianças que aqui estão necessitam estudar muito — disse Zelito, animado.

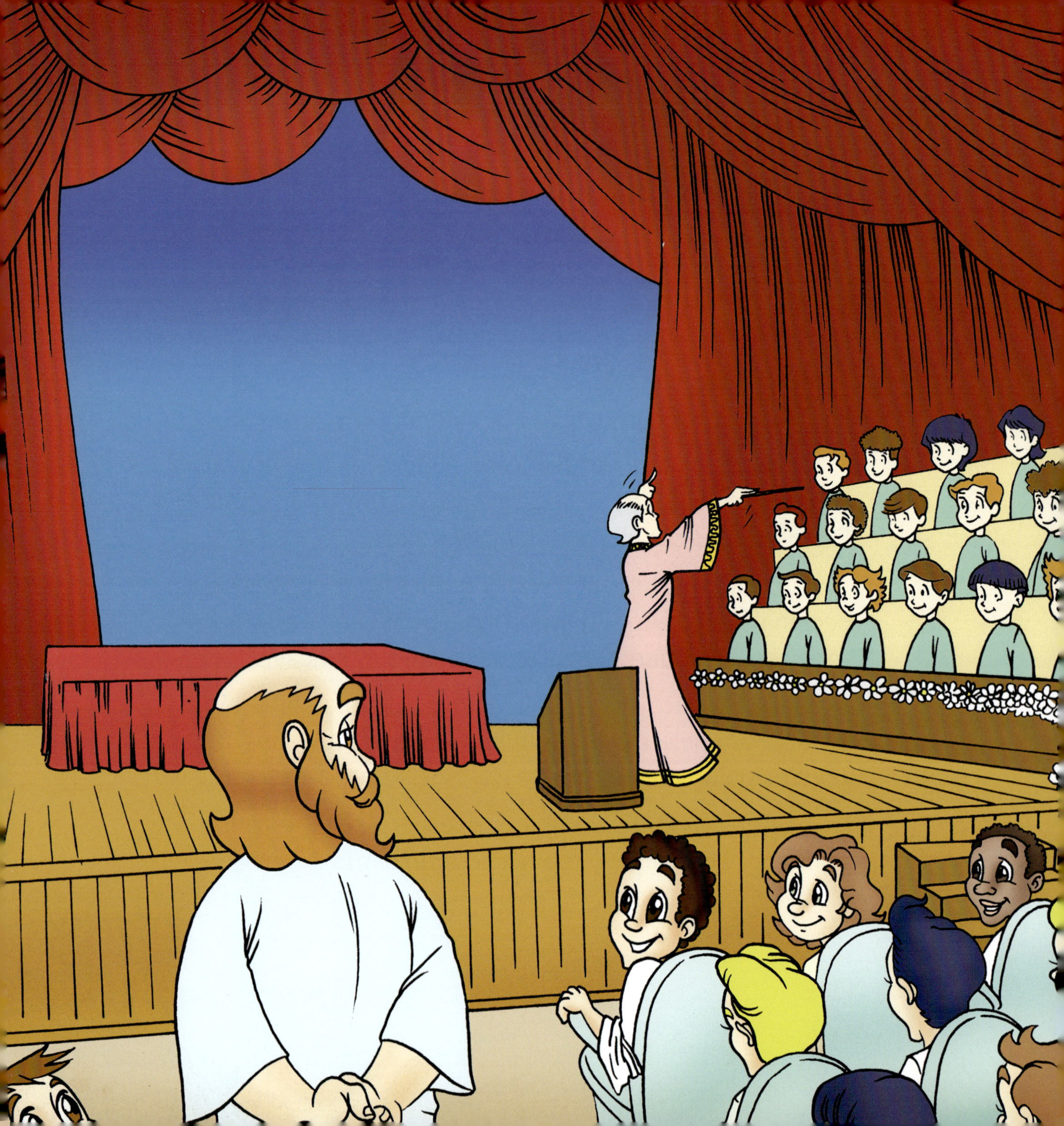

— Pelo jeito, você gosta de estudar — observou Lucas.

— É claro que gosto, mas também gosto de esportes, das brincadeiras com meus amigos e dos passeios pela colônia — respondeu Zelito, entusiasmado.

— E tem tudo isso aqui? — perguntou Lucas, interessado.

— Tudo e muito mais... No entanto, o mais importante para todos nós é aprendermos o esperanto, pois, como língua universal, é possível conversar com todas as crianças do mundo inteiro, desde, é claro, que elas falem a mesma língua esperantista. Não é maravilhoso? — perguntou Zelito, tentando animar o novo amiguinho.

Logo depois, Euzébio os levou ao auditório onde seria realizada a festa. O grande salão havia sido lindamente arrumado com cestas de belas flores... O coro das crianças posicionava-se no palco sob a direção de prestimosos regentes musicais.

— Que beleza! — exclamou Lucas, sentado ao lado de Zelito. — Eu nunca tinha visto um lugar assim...

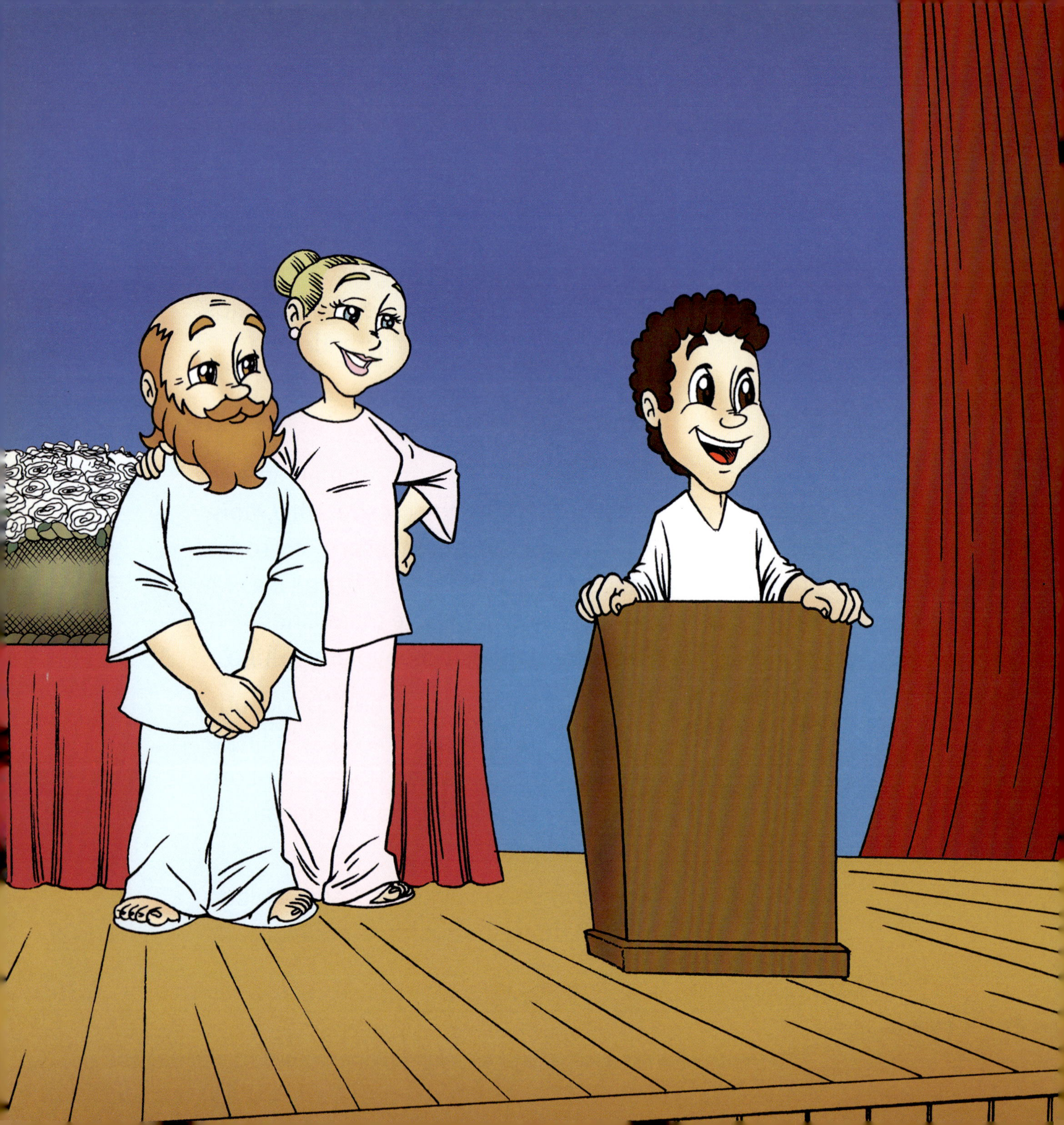

Zelito, da mesma forma, acompanhava tudo com enorme expectativa, mas tão entretido ficou com o Lucas que acabou esquecendo o seu nervosismo. Ao ver aquele que seria o homenageado do dia, falou alegremente:

— Eis o nosso querido Zamenhof!

Lucas não entendia bem o que estava acontecendo e deixou-se levar pelo encantamento daquele momento!

Zamenhof sorria, agradecido. Eulália, cheia de júbilo e felicidade, proferiu algumas palavras iniciais, expressando a alegria de todos por sua presença e, logo a seguir, Zelito foi chamado.

O menino subiu ao palco e dirigiu-se à pequena tribuna instalada para ele.

Zelito não estava nervoso como achou que estaria na hora de falar em público e iniciou o pequeno discurso em português:

— *Hoje queremos saudar ao bom "pai Lázaro", tão amigo de todos nós, e agradecer-lhe a oportunidade de aqui estarmos, ao lado de companheiros tão estimados quanto ele.*

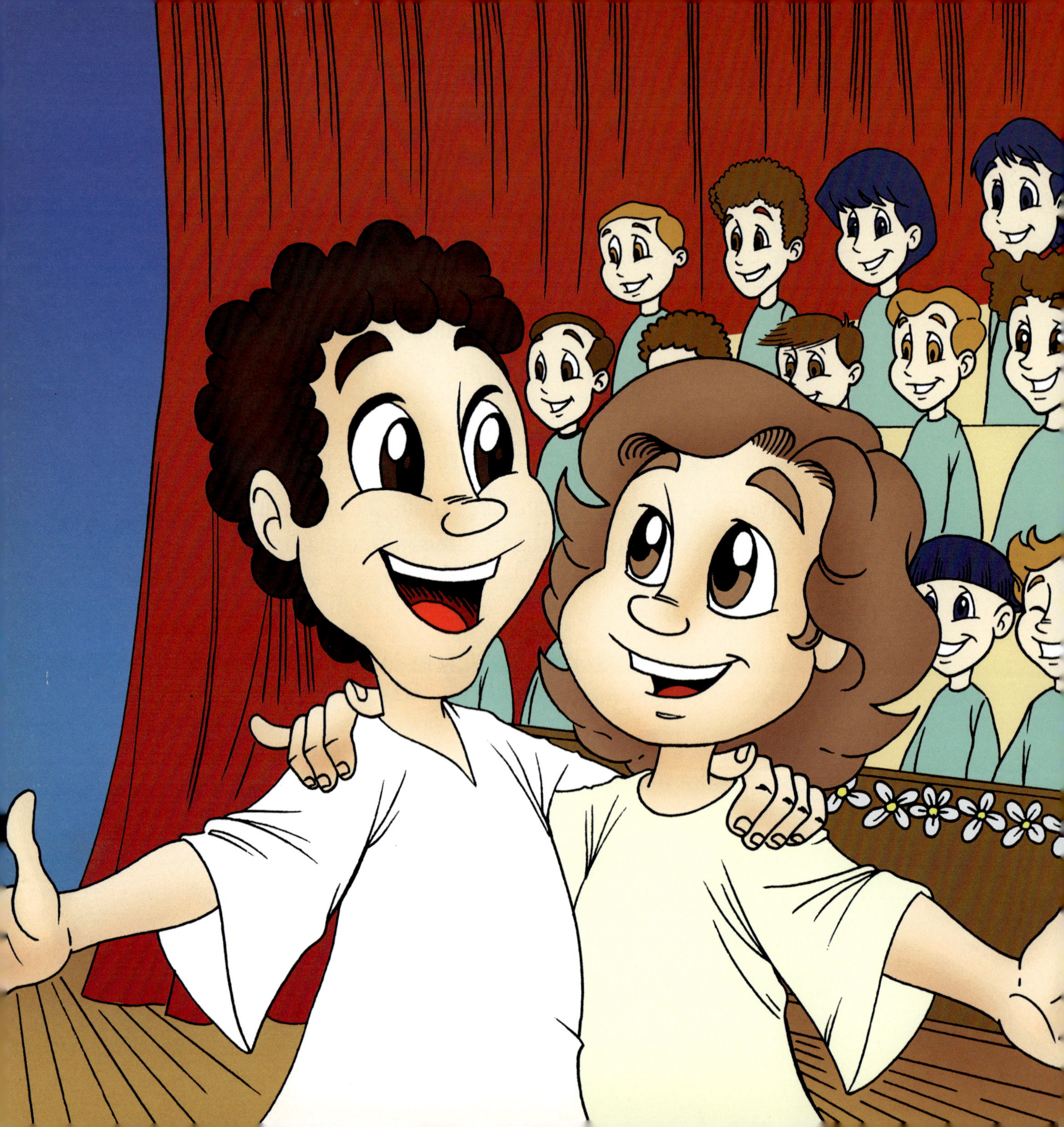

Os ouvintes aplaudiram, com entusiasmo, as palavras de Zelito, especialmente, quando as pronunciou em esperanto:

— *Hodiaŭ ni volas saluti la bonan "patro Lazaro", tiel amikan al ni Ĉiuj, kaj danki lin pro la okazo, ke ni estas ĉi tie, kune kun kompanoj tiel same karaj kiel li.*

Zamenhof, sentindo um infinito carinho por todas as crianças que ali estavam, abraçou-se a Zelito, emocionado.

Os festejos prosseguiram, em meio à alegria geral. Ao final, Lucas exclamou:

— Jamais assisti a uma festa tão bonita! Fiquei impressionado com a coragem do Zelito de falar para tanta gente. Se fosse eu, tremeria dos pés à cabeça — confessou o menino.

— Você é muito legal! — disse Zelito, sorrindo.

Euzébio tinha razão, os dois meninos tornaram-se grandes amigos e foi dessa forma, com a ajuda de Zelito, que Lucas conseguiu aceitar sua nova vida.

Conselho Editorial:
Nestor João Masotti – Presidente

Coordenação Editorial:
Geraldo Campetti Sobrinho

Produção Editorial:
Fernando Cesar Quaglia

Coordenação de Revisão:
Davi Miranda

Revisão:
Rosiane Dias

Tratamento de imagem:
Isis F. de Albuquerque Cavalcante

Diagramação:
Ingrid Saori Furuta

Ilustrações:
Impact Storm

Normalização Técnica:
Biblioteca de Obras Raras e Patrimônio do Livro

Esta edição foi impressa pela Gráfica Edelbra Ltda., Erechim, RS, com tiragem de 2 mil exemplares, todos em formato fechado de 210x210 mm. Os papéis utilizados foram o Couché Brilho 115 g/m² para o miolo e o cartão Supremo 300 g/m² para a capa. O texto principal foi composto em fonte Overlock 16/19,2.